Ina v. Speßhardt bin ich, die Autorin.
Christoph von Speßhardt ist mein Sohn.
Florentine von Speßhardt ist meine Enkelin.
Charlotte Hechler, ist meine verstorbene Mutter, die nach dem Tod meines Vaters (v. Bismarck) in ihrer 2. Ehe den Namen Hechler führte.

Von der Muse geküsst
-
Eine besondere Erbschaft

Herstellung und Verlag:
BoD – Books on Demand, Norderstedt

ISBN 9783755792024

Inhaltsverzeichnis

Pandemie

So, das wär es, nun noch bisschen Familiär es

Vorwort

Schlesien, mein Geburtsland, war sehr dünn besiedelt und somit war die Gastfreundschaft groß; man war nicht - wie in der Großstadt- „satt", sondern „hungrig" auf Menschen.

Wenn die räumlichen Gegebenheiten vorhanden waren, blieben die Gäste länger und es blühte die „Gästebuch-Kultur".

Hier dankte man mit Gedichtetem und Illustrationen, je nach Talent. Meine Mutter hatte auch Freude am Dichten und hat mir diesen „Dichtspaß" vererbt.

Eine Anlage dazu scheint sich bei unseren Nachkommen auch anzudeuten.

In der „Rush Hour" des Lebens hat unser Sohn nicht die Muße, um für den „Musenkuss" bereit zu sein, aber einige wenige Gedichte habe ich aus seiner Jugend wiedergefunden. So habe ich ihm glücklicherweise nicht nur „Knick-Senk-Spreiz-Füße" vererbt. Zu unserer großen Freude gibt es nun auch schon einige Gedichte unserer Enkelin.

Vorbilder

„Wenn einer, der mit Mühe kaum,
gestiegen ist auf einen Baum,
schon glaubt, dass er ein Vogel wär´,
so irrt sich der!" W. Busch

Ein Vogel muss ich nicht gleich sein,
bin nur ein Dichterling ganz klein.
Mit Großen mich nicht messen kann,
sie geben nur die Richtung an.

Erhardt, Busch und Ringelnatz,
als Vorbild hab`n sie ihren Platz.
Eugen Roth und Morgenstern,
auch diese hab´ich ziemlich gern.

Ich muss nicht sein ein großes Ass,
am Reimen hab ich einfach Spaß!

Ina v. Speßhardt

Ein Hoch auf die Langeweile oder „die Hebamme des Schreibens"

Gönn dir doch mal Langeweile
den Luxus, nichts zu tun.
Steig einfach aus der Zeit-Geist-Eile
und lass die Arbeit ruh` n.
Zumindest für`ne kurze Zeit,
viel länger geht`s oft nicht;
sei für das, was kommt bereit
aus deiner tiefen Schicht.

Du hast so viel erlebt, geseh´n,
sortier die Bilderflut.
Erlebtes lass zu dir hin weh´n,
es tut dir sicher gut.

Dies auszuhalten ist nicht leicht,
so ganz bei dir zu sein.
Wenn Unruhe dann von dir weicht,
fällt dir vielleicht was ein.

Ein-fälle und Kreativität,
das kann dir dann passieren.
Sieh, was aus deinem Innern weht
nach diesem „Kopf-Sortieren".

Durch diese schöne Mußezeit
lockst du die Muse an.
Sei nun für ihren Kuss bereit;
schreib auf und bleibe dran.

Ina v. Speßhardt

Un-erhört

In unseren Tagen
will jeder was sagen.
Unterbrechen und stören,
zu kurz kommt das Hören.

Nur ich, nicht Du,
alle reden, keiner hört zu.
Dabei sind wir doch geboren
mit einem Mund und mit zwei Ohren!
So ist doch das Hören wichtig
und das Reden eher nichtig.

Gib dem Andern auch `ne Chance,
halte Mund und Ohr `n in Balance!
Daraus ziehst Du Gewinn
und das hat tieferen Sinn!

Ina v. Speßhardt

Läster-Laster

Neugierig und wertfrei sollst Du betrachten
die Menschen, was sie so machen und machten.
Nichts Lästerndes komme aus Deinem Mund,
jeder hat schon seinen Grund
warum er so ist, wie er ist.
Bedenke, dass Du nicht sein Richter bist.

Ist's Wort erst aus dem Mund geschlüpft,
weißt Du nicht, wo es jetzt rumhüpft.
Und zurück hol 'n kannst Du's nicht.
Negatives kriegt mehr Gewicht.

Jeder packt noch was dazu-
geh lieber in des andern Schuh
die 1000 Schritte, 'ne schöne Sitte.
Das erleichtert, nicht zu richten -
und das sei die Botschaft von meinem Dichten.

Ina v. Speßhardt

Entwicklung wohin?

Es dauerte unendlich lang
vom Vierbeiner zum aufrechten Gang.
Wenn Ihr heut' die Handy-Haltung seht-
ob jetzt die Entwicklung wohl rückwärts geht?

Ina v. Speßhardt

Mein Wall

Mein Wall
aus Ch/Kristall ,
all – überall,
schließt mich in Licht und Liebe ein
und lässt nichts Finsteres herein.

Ina v. Speßhardt

3 Schüttelreime und noch 2 Kurze, bitte!

Wenn kalter Regen niederfließt,
die Nachtigall im Flieder nießt.

Beginn, mein Freund, den Morgen sacht,
dass er Dir keine Sorgen macht.

Manch einen packt die Reisewut
jedoch zu Haus´ der Weise ruht.
Charlotte Hechler

Limerick

Es gibt 2 Damen in Bremen,
die ziemlich viel Zeit sich nehmen
fürs Reimen aus Jux und zum Lachen.
Der Grips bleibt beständig
in Form und lebendig.
Was kann man da Besseres machen?
Charlotte Hechler

Zwei Knaben

Zwei Knaben machten sich den Jokus
und tranken Wein im Keller.
Dann mussten beide auf den Lokus,
jedoch der Wein war schneller!
Charlotte Hechler

Tiefe teilen

beim Ich verweilen,

Dich in Höhen schwingen,

das kann gelingen-

beim Singen.

Ina v. Speßhardt

Der Schweinehund

Es lockt Montagabend der Sofa-Magnet.
Doch wenn man dann zum Gospel-Chor geht,
mach die Erfahrung ich immer wieder,
beim gemeinsamen Singen der Lieder:
Wie gut, dass ich mich aufgerafft,
den Schweinehund-Sieg hab geschafft!
Fühl mich viel besser, als zuvor,
hoch lebe unser Gospel-Chor!!

Ina v. Speßhardt

Pop-Oratorium Luther

Dieter Falk, der Komponist,
für mich einer der Großen ist.
Wie er den Text in Noten kleidet
und auch Banalität vermeidet.

Man kann viel über Luther lesen,
das war's dann aber auch gewesen.

Wir Sänger haben inhaliert,
was ihm da so in Worms passiert.
Hab' n die Reform verinnerlicht -
sie ist gerutscht in tiefe Schicht,
bleibt nicht im Kopf nur, beim Verstand
und das ist wirklich allerhand.

Von Herzen Dank ich dafür sage:
Bereicherung meiner Oldie-Tage!!

Ina v. Speßhardt

Achtung Suchtgefahr

Die Drogensucht oder das Rauchen
kann ich wahrlich nicht gebrauchen.
Doch eine Sucht, Ihr werdet seh`n,
ist positiv, ja – sie ist schön.
„Sehn – Sucht" hab´ n wir nach dem Meer
und eine Insel lockt uns sehr.
Raus aus Begrenzung, Alltagsleben,
Baltrum kann uns beides geben.

Ina v. Speßhardt

BALTRUM

Warum wir so gerne nach Baltrum fahren?
Und das schon seit vielen, vielen Jahren?
Hier ist nicht alles so stinkefein -
hier bin ich Mensch, hier kann ich's sein.

Man braucht seinen Status nicht präsentieren,
sondern kann einfach „naturieren"!

Hier ist noch bisschen heile Welt,
hier zählt der Mensch und nicht das Geld.
Nicht „who is who" und „wer ist wer",
hier ist es einfach familiär.

Man ist hier auch nicht diebstahlgefährdet
und fühlt sich bald sehr schön geerdet!
Körper, Seele und auch Geist
wird auf Baltrum gut gespeist.

In der Gästekantorei woll'n wir Ohren verwöhnen
und den Gottesdienst verschönen.
Auch muss ich unbedingt erzählen
von Nahrung nicht nur für Kinderseelen
beim Kinderbibelferientreff,
wo sie erfahr' n vom „Himmels-Chef".
Sie hab' n viel Spaß, werden ernst genommen,
sodass sie täglich wiederkommen.

Wer gerne läuft durch die Natur
empfindet wenig Moll, nur Dur.
Beim tiefen Atmen dieser Luft,
ganz abgasfrei, ein toller Duft!

Auch sing' n am Strand wir tolle Lieder-
und nächstes Jahr —- da komm' n wir wieder!!

Ina v. Speßhardt

Horst

Geburtstag hat heut' der Horst Handt,
Baltrum-weit ist er bekannt.
Er liebt die Insel und sie liebt ihn.
Man sieht ihn' s Akkordeon hin und her zieh' n.

Da kommen Töne raus – ich staune
und allen macht er gute Laune.
Er ist der König für Pep und Schmiss -
we want to give him all a kiss!

Stellvertretend für Euch würd' ich's machen -
wer einverstanden ist: Hand hoch und lachen!!

Ina v. Speßhardt

F(f)este feiern

Wenn der Osterhase hinten presst,
dann kommt bald das schöne Osterfest.
Joshi Ito, der liebt zu feiern,
hat Freude an den Ostereiern.
Er war zu Besuch bei uns „as guest"
und fragte: "Wann ist's nächste Fest?"
Bei den Festen liebt er den Schmaus.
„Unser Kirschblütenfest ist auch toll zuhaus!"
Genau schaut er sich hier alles an,
ist stolz, dass er deutsch sogar lesen kann.
Dann kam die Frage, die uns erstaunt
und später machte gutgelaunt:
Er fragte, and that was the best:
„Wann ist euer Spülmaschinenfest?
Bin gestern im Porzellan-shop gewesen
und konnte ganz deutlich es dort lesen:
„Spülmaschinenfest" stand's schwarz auf weiß,
so wahr ich Joshi Ito heiß!!"

Ina v. Speßhardt

Umzug

An alle Freunde und Verwandten
und alle, die mich hier noch kannten;
Ich musss Euch heute leider schreiben,
dass ich hier nicht mehr lang werd` bleiben.

Wenn man alt ist und allein,
möchte man bei den Kindern sein.

Drum räume ich hier alles aus,
verkaufe unser hübsches Haus.
Nur ungern zieh ich in die Fern´,
hab` doch alles hier so gern.

Doch dankbar sehe ich zurück

auf viele Jahre voller Glück.

Ich würde mich so freuen,

wenn all meine Getreuen

mich bald einmal besuchen,

zu Kaffee und zu Kuchen.

Wenn nur recht viele kämen,

ins Altenheim in Bremen.

Die Wohnung wird betreut dort sein

und angeschlossen an das Heim,

das christlich eingestellt,

was mir so gut gefällt.

Nun schreibt in das Adressbuch rein

Ab Mai wird Charli Hechler sein:

Adressenangabe

Charlotte Hechler

Cappuccino - Runde

Jeden Tag zur gleichen Stunde

trifft sich die Cappuccino-Runde,

den letzten Bissen noch im Munde.

Es stürzen von verschied' nen Tischen,

den Stammplatz wieder zu erwischen,

fünf Damen aus dem Speisesaal

zum Höhepunkt vom Mittagsmahl.

Sie saßen erst nur kurze Zeit,

doch mittlerweile geht's so weit,

'ne ganze Stunde zu genießen,

es lässt sie nicht verdrießen.

Da wird geredet und gelacht,

was selbst Zuschauern Freude macht.

Wir rufen daher fröhlich aus:

„In unser' m Johanniter-Haus

mög geh' n der Kaffee niemals aus!"

Charlotte Hechler

Schlesisches Himmelreich

Als wir klein und Kinder waren,

übten wir das Greifen, Fassen.

Jetzt nach vielen, vielen Jahren,

üben wir es, loszulassen.

Langsames Lösen von diesem Planet -

die Frage ist, wohin' s dann geht.

Wir hoffen zwar aufs Himmelreich,

doch bitte, lieber Gott, nicht gleich!

Wogegen wir jedoch nichts haben:

Am „Himmelreich" uns gleich zu laben!

Ina v. Speßhardt

* leckeres Gericht aus Schlesien

„Morgen"

Vom Zug abhol´n woll´n wir den Sohn,
durch Stau ist es recht spät nun schon.
Am Bahnhof wird ständig umgebaut -
ich hab` auf den Anschlag vom Lift geschaut.
„Am 25. wieder Betrieb"
Darum uns nur die Treppe blieb.
Der 25. - das ist ... „Morgen"
sagte ich laut. Ein Migrant mit Sorgen
schaute mich freudestrahlend an,
„Guten Morgen" erwiderte der Mann.
Er genoss es sichtlich, kennt hier keine Sau,
gegrüßt zu werd`n von´ner fremden Frau.

Ina v. Speßhardt

Begrüßung

Willst Du keinen Verdruss

wegen Virus,

dann gib keinen Kuss,

damit ist jetzt Schluss.

Auch nicht umärmeln, Herz auf Herz,

und das nun schon seit Anfang März!

Du kannst begrüßen

mit den Füßen

und was man auch kann:

man stößt Ellbogen an.

Oder japanisch: sich leicht verneigen,

dem Anderen seinen Respekt bezeugen;

die Handflächen liegen Hand an Hand.

Was ich besonders beeindruckend fand:

dies Zeichen heißt und das gefiel mir:

„Ich grüße das Göttliche in Dir!"

Ina v. Speßhardt

Warum?

Warum warst Du der Clou?

Warum gerade Du?

Davor war's mir noch nie passiert

bei denen, die an mir interessiert,

dass sie beide Seiten hatten,

wie ich's fand beim jetz 'gen Gatten.

Gut aussehend, amüsant,

doch keine Verlässlichkeit ich fand.

Sie war 'n eher hallodri-haft,

hab' n sich gleich in die Nächste vergafft.

Die Ander' n zuverlässig, doch fade,

Langweiler, das fand ich schade.

Du, Maxl, hast beides, ausgewogen,

und das ist geblieben, ungelogen!!

Ina v. Speßhardt

Für Maxl

Mit meinem Maxl hab ich Schwein,

er organisiert und kauft auch ein,

hilft mir somit und ich hab Zeit,

zu sein für den Musen-Kuss bereit,

das Leben kontemplativ zu betrachten,

was die Menschen so machen und machten.

Das Weltgeschehen im Großen und Kleinen

verfolgen wir mit Lachen und Weinen

und zieh`n daraus dann unsern Schluss:

Du aktiv, ich mit Musen-Kuss!

Du erdest mich auch immer wieder,

auch davon könnt` ich singen Lieder.

Im nächsten Gedicht könnt` das gescheh`n,

wir werden seh'n!

Ina v. Speßhardt

Dank vom kleinen Wicht

So ganz vergreist bin ich noch nicht.

„Danke" kommt's aus tiefer Schicht.

Oben licht

und unten dicht!

Freu mich noch mittags am Gericht,

hab weder Alzheimer noch Gicht.

Ganz selbstverständlich ist das nicht,

aus meiner Sicht.

Auf Lob und Dank bin ich erpicht,

Dir, großer Gott, vom kleinen Wicht,

Ina

Ina v. Speßhardt

Dank der Polizei

Polizisten verdienen unsern Respekt,

bei mir hab' n sie Bewund' rung geweckt.

Sie sorgen für unsere Sicherheit

und sind für unseren Schutz bereit

selbst ihr Leben

hinzugeben.

Ihr Einsatz, er macht wirklich Sinn,

davon fest überzeugt ich bin.

Stattdessen von manchen „Scheiß-Bulle" genannt-

ist allerhand.

Vor Kurzem hört' ich von den Schweden,

dass sie in Lob- und Dankesreden

vor der Polizei zog 'n ihren Hut.

Das fand ich gut!
Ina v. Speßhardt

Lichtblicke

„Ein Mensch erblickt das Licht der Welt,
doch bald hat sich herausgestellt,
nach manchem trüb verbrachten Jahr -
dass dies der einz' ge Lichtblick war."
(Eugen Roth)

Das kann ich so von mir nicht sagen.
Wenn ich in meinen Oldie-Tagen
so schau aufs Leben heut' zurück,
seh` ich viel highlights, sehr viel Glück.

Allein, dass Ihr heut alle hier,
ein highlight -ja – es gefällt mir.
Und dann,
dass ich noch hab` mein 'n lieben Mann.

Auch stell ich fest, ich habe Schwein,
mit meinen Alterszipperlein.
Sie sind noch ganz gut handelbar,
das ist wohl wahr!

Noch oben licht
und unten dicht,
ich guck nach vorn mit Zuversicht.

Mit Euch möcht ich den Tag genießen,
lasst Zukunftsangst uns nicht verdrießen!

Ina v. Speßhardt

Ein dickes Danke

Mit dem Weinstock verbundene Reben
bereichern unser Leben.
Eine große Rebe, sie ragt sehr hervor,
ist unser lieber Herr Pastor.

Wir erfahren zwar
erneut im Luther-Jahr,
wie wichtig es ist, das „Selber-Denken",
wir soll' n überprüfen das „Kirchen-Lenken",
doch zu unsrer Rebe hab' n wir Vertrauen,
auf ihre Lenkung können wir bauen.
Die Rebe sitzt fest,
that is the best!!

Wir können uns darüber freu' n
und sollten uns dann auch nicht scheu' n,
ein „dickes Danke" ihm zu sagen,
in den Advents- und Weihnachtstagen.

Ina v. Speßhardt

Dank dem Wasserhaus-Chef

Er könnte schieben `nen faulen Lenz,

stattdessen schenkt er uns Kompetenz.

Gesundheitlich kennt er sich super aus

und wöchentlich im Wasserhaus

kann man sich Wasser holen und Rat,

der ist gefragt hier, in der Tat!

Nicht nur in Celle,

in der Kraft-Tankstelle,

nein, weltweit diesen Rat man schätzt.

Vor kurzem – da wir nach Sydney vernetzt –

hat man aus Australien gefragt,

was der Wasserhaus-Chef zum Darm-Problem sagt.

Wir sind dankbar, ihn hier zu haben

und dass er großzügig verteilt seine Gaben.

Das heißt, sein ganz enormes Wissen

wir woll´n ihn nicht missen!

Ina v. Speßhardt

Die Pause

Sonntag ist es, viertel nach zehn,
auf der Kanzel sieht man den Pastor steh´n.
Er redet sicher, er redet flott.
Von Maria, dem heiligen Geist und Gott.
`Ne Pause entsteht und zwar recht lang.
Es wird uns schon ein bisschen bang.
Doch es geht weiter dann zum Glück,
der Pastor findet zum Text zurück.
Am Schluss hört man ihn dann noch sagen:
„Der Grund für die Pause, falls sie mich fragen,
„`ne Erscheinung hat` ich", sagt er erklärend
und unser Erstaunen dadurch vermehrend.
„Nächsten Sonntag werd` ich Euch teilhaben
lassen."
Keiner wollte dies nun verpassen.
Am kommenden Sonntag wieder um zehn,
konnt` man die Kirche rappelvoll seh´n.
Die Zuhörer lauschen nun gespannt,
sehen zur Kanzel wie gebannt.
„Was für´ne Erscheinung?" man sich fragt.
„`Ne ALTERSERSCHEINUNG", hat er gesagt.

Ina v. Speßhardt

Die Beichte

„Herr Pfarrer, ich habe Mist gebaut,
ich beichte: Hab gestern zwei Schweine geklaut."

„Dein Handeln, wahrlich, war nicht gut -
Vergebung bekommt, wer Buße tut.
Bete 10 Vaterunser, mein Sohn,
dann kann ich erteilen Dir Absolution."

„Ich danke – nun bin ich wieder im Reinen
mit dem Diebstahl von den drei Schweinen."

„Sagtest Du nicht eben zwei?
Und jetzt sind's auf einmal drei?"

„Ja, gestern habe ich zwei gestohlen
und morgen will ich mir noch eins holen!"
Ina v. Speßhardt

Das kleine „r"

Es hatte am rechten Fleck das Herz

und erlaubte sich ´nen Scherz.

Das kleine „r", es war entwichen.

Hatte sich aus 'nem Wort geschlichen.

Das Wort hieß „Weihnachtsbräuche".

Nun hieß es „Weihnachtsbäuche".

Ein Hinweis dem, der zu viel aß?

Reduziere auf das richtige Maß?

Denn Essen ist die Hauptsache nicht-

so kam´s aus seiner tiefen Schicht.

Der Hinweis – mit Schalk hinter`n Ohren:

Christus ist geboren!

Ina v. Speßhardt

Schlaf

Ich lieg und horch an der Matratze -

doch gar nichts Einschläferndes hat'se!

Ich komme gar nicht in den Schlaf

und zähle mühsam Schaf um Schaf.

Da schnarcht schon einer, lange schon -

ich brauch auch Regeneration!

Gedanken fahren Karussell,

sie kreisen ständig, kreisen schnell!

Schäfchen zählen klappte nicht,

versuch`s jetzt mal, mach dies Gedicht,

vielleicht schlaf' ich dann dabei ein -

Das wäre f...ch...ch...ch...

Ina v. Speßhardt

Victors Missgeschick

Der Victor, unser Enkelsohn,
hat sich vor paar Tagen schon
seinen Mittelfußknochen
gebrochen.

Mit „Gute-Besserung-Wünschen" im Sinn
denken wir viel zu Dir hin.
Das ist der Preis oft bei ´nem Ass -
Ich weiß nicht, ob dich tröstet das! -
Denn Salto rückwärts aus dem Stand
ich noch nie bei jemand fand!!

Unserm Sportass - Enkelsohn
wünschen wir, dass recht bald schon
Du sportlich wieder kannst loslegen.
Wir drücken dich und Gottes Segen.

Ina v. Speßhardt

Entlassen

Scheußlich war's, ich möcht' s erwähnen,

dieser Ärger mit den Zähnen.

Mein Kieferschmerz war wirklich deftig,

der ganze Kopf tat weh so heftig.

Auch das Denken war betroffen,

so, als wäre ich besoffen!

Es war schon fast „H B Männchen-haft",

ich hoffe, dass es jetzt geschafft.

Und ich empfinde ganz bewusst:

Zu leben, das ist wieder Lust.

Bei Goethe schneid' ich mir ab 'ne Scheibe,

doch er konnt`s besser, als ich schreibe:

„Du danke Gott, wenn er dich presst

und dank ihm, wenn er dich wieder entlässt."

Ina v. Speßhardt

Sekunden – Statement

Ein Engpass auf der Pfennigbrücke,
ich kam mit dem Rad, sah keine Lücke.
Ein Zusammenstoß war fast unvermeidlich,
wär` er nicht ausgewichen seitlich,
der mir entgegenkommende Mann.
Meinen flüchtigen Dank er entgegennahm.
Im Vorbeifahr´n hörte ich noch den Satz:
„Für Radfahrer mache ich gerne Platz.“

Ina v. Speßhardt

Verschnittene Haare

Verschnittene Haare, ach herrje,
der Blick in den Spiegel, der tut weh!
Doch wirklich schrecklich ist es nicht,
ich tröst` mich mit dem Busch-Gedicht:
„Du siehst sie nur von außenwärts,
du siehst die Weste, nicht das Herz.“
Und warum ich nicht sehr klach,
sie wachsen ja auch wieder nach.

Ina v. Speßhardt

Für Osterlind

Es ist nicht abwegig

und darauf Wert leg´ ich,

Ostern an Osterlind zu denken

und Dir ein Gedicht zu schenken:

Ich kenn noch heut – und hab gekannt

´ne Prinzessin, wie aus dem Märchenland.

Nicht nur im Äußeren entspricht sie,

und darum gerne ich bedicht´ sie,

dem Bild, das ich von diesen habe.

Sie hat´ne besondere Gabe-

wie die, mit der Erbse im Bett.

Wenn´s Leben spielt Roulette

und man schmerzaufgewühlt,

die Osterlind dies fühlt!!

Nur durch der Stimme Ton

am Telefon,

ohne dass ich was sagte

und klagte.

Nun sind alle Wirbel an richtiger Stelle.

Es grüßt Dich von Herzen die Ina aus Celle.

Ina v. Speßhardt

Baumwipfel-Pfad

Bei Eveline und Rolf
spielten wir heute nicht Golf,

nicht Tennis oder Reiten,
nein, wir war 'n ausschreiten
auf dem Baumwipfel-Pfad, der sehr bekannt
inzwischen schon im ganzen Land.
Schwangen uns munter in die Höh' n,
konnten die Welt mal von oben seh'n;
in dem schönen Harz-Waldreich
beinah einem Vogel gleich,
hoch über der Erdenschwere,
als ob ein Adler man wäre.

Losgelöst von allen Sorgen
und nicht denken an das Morgen,
von oben zu ändern mal den Blick,
das gibt 'nen ganz besond`ren Kick.
Als Kind schon liebt ich es, auf Bäumen
als Klettermax von der Zukunft zu träumen.
Was Affen können von Natur,
dazu brauchen wir Holzarchitektur.

Was dem Berg sein Gipfel,
das ist dem Baum sein Wipfel.

Was des Vogels Flügel ist unser Arm-
doch das hat freilich auch sein' Charme.
Lasst uns die Arme sinnvoll nutzen,
nicht nur zum Pokale putzen.

So können wir Euch drücken mit Dank ganz feste.
Wir---und alle Eure Gäste.

Ina v. Speßhardt

Einheit gemeinsam gestalten

Wir danken für Ihre Einladung sehr
und kamen sehr gerne zu Ihnen her.
Man hört zuweilen, und das klingt hart,
von Enttäuschung Ost/West, menschlicher Art.
Wirtschaftlich wüchse man zwar zusammen,
doch menschlich hätte die Einheit Schrammen.

Es drifte auseinander sehr.
Wenn das so ist, um wieviel mehr
woll´n wir uns freuen hier und heute
dass wir im Kreis so netter Leute
nicht Trennendes, sondern Gemeinschaft erleben.

Gemeinsam ist uns wichtig das „Geben".
Wir bewundern ihr positives Tun,
dass Sie sich nicht auf Jammern ausruh`n,
sondern aktiv mit tätigen Händen

versuchen, wo´s möglich ist, Not zu wenden

an manchen betroff`nen rumänischen Orten

mit Ihren vorbildlichen Hilfstransporten.

Sie strahlen viel Positives aus –

beflügelt fahr´n wir mit Dank nach Haus.

Ina v. Speßhardt

Pflege-Notstand

Pflegerin?
Ist nicht in!
Wer will denn heut' noch dienen?
Wir woll'n viel Geld verdienen!

Ja, aber suchst Du nicht auch Sinn?

Wo denkst Du hin?
Du weißt doch: Geld regiert die Welt.

Ich weiß aber auch: Es bedeutet Glück,
wenn Du was gibst und Du kriegst was zurück.
Den Patienten ein offenes Ohr zu schenken,
sich Zeit zu nehmen für das, was sie denken;
auch ihrer Seele Nahrung zu geben,
bereitet Dir ein erfülltes Leben.
Dankbare Blicke werd' n Dich erreichen,
innere Leere wird von Dir weichen.
Den Pflege-Notstand zu beenden
kann zum Guten Vieles wenden;
und Du hast dazu beigetragen,
kannst Du Dir sagen!

Ina v. Speßhardt

In Maßen

„Schaut Euch hier mal den Römer an!"
„Ein Römer? Ich seh keinen Mann!"

Dieses Glas in meiner Hand
wurde nach den Römern benannt.
Sie brachten uns die Weinkultur.
Hier trank man auch, doch meistens nur
aus größerem Gefäß und Maß
und nicht in solchem edlen Glas.
Denk ich allein an die Maß Bier,
so war es ganz schön üppig hier.

Drum fühl Dich edel, fühl Dich fein
und lass mal schön das Saufen sein!
Maßhalten, das ist eine Tugend.
Dies zählt fürs Alter und die Jugend.

Ina v. Speßhardt

Der Trichter

Der Bundestag im Reichstagsgebäude -
Norman Foster machte uns damit ´ne Freude.
Entstanden kurz nach Kanzler Kohl –
dort gibt´s ein großart´ges Symbol.

Ein Trichter ragt in den Saal von oben,
den Architekten muss man loben.
Was hat er sich dabei gedacht?
Ich hab mir darüber Gedanken gemacht.

Die ganze Weisheit des Kosmos soll fließen
sich in die Politiker-Köpfe ergießen,
damit sie in wichtigen, schwierigen Lagen
mit Weisheit gespeist das Richtige sagen.
Wenn sie um Entscheidungen ringen,
soll durch die Weitung ihnen gelingen
offen zu sein für gute Einfälle –
aus dieser von oben genährten Quelle.

Ina v. Speßhardt

An(ge)sehen

In der Großstadt Menschenmenge,
Anonymität, Gedränge,
kann einen leicht der Gedanke befallen:
unter diesen Menschen allen
nicht wichtig, ob's mich kleinen Wicht,
ob's mich gibt – oder auch nicht!

Der Mensch will wahrgenommen werden
zwischen all den Menschen-Herden.
Hingucker-Outfit dies erklärt -
ein Nichts, dagegen man sich wehrt.

Der Drang auf die Bühne, Zeitgeistphänomen,
kann man dies auch als Erklärung seh'n
für den Hunger nach „Nehmt mich wahr"
in dieser ganzen Menschenschar?

Ansehen, von seitlich oder von oben,
der Blickwinkel, wenn er sich hat verschoben,
lässt einen unabhängiger werden
vom Anseh' n bei Menschen hier auf Erden.
Man fühlt sich von oben angeseh` n
und das ist schön!

Ina v. Speßhardt

Die Enkelbrille

Schau ich als Oldie so zurück,

fühl ich viel Dank und seh´ viel Glück.

Man weiß etwa, wie´s Leben geht

in diesem Lebensabschnitt spät.

Die Enkel entdecken die Welt ganz neu

mit Neugier und mit wenig Scheu.

Durch Ihre Brille den Blick neu aufs Leben,

das können sie als Geschenk uns geben.

Ina v. Speßhardt

Corona

Die Angst, sie ist ein dummes Vieh,
sie frisst nur Dich, den Anlass nie!

Im Gegenteil – oh Mann oh Mann-
sie zieht den Grund der Angst noch an!

Vorsichtsmaßnahmen, ernst sie nehmen,
doch lass Dich nicht von Panik lähmen!

Zuversicht bestimme Dein Denken,
mach`s „Kläppchen" auf, der Herr wirds lenken!

Ina v. Speßhardt

WEIßT DU WIEVIEL...

Weißt Du wieviel Sternlein stehen

an dem großen Himmelszelt?

Wieviel Infizierte gehen

auf der großen weiten Welt?

Die John Hopkins hat sie gezählet,

dass ihr auch nicht einer fehlet

auf der großen weiten Welt. (2-mal)

Weißt Du wieviel Viren schwirren

in der Luft weltweit herum?

Und wer weiß, vielleicht schwirren sie

bald im ganzen Universum!

Jeden Tag gibt's neue Zahlen,

sie bereiten uns Angst und Qualen.

Doch wir könn' n auch Gutes sehen:

Menschlichkeit, das ist sehr schön!!

Ina v. Speßhardt

DAS BÖSE

Das Böse schleicht um Corona rum,

denn der Teufel ist nicht dumm!

„Wo finde ich ein Einfallstor,

wo tritt für mich `ne Chance hervor,

die Menschen in Panik hineinzutreiben,

mit Salamitaktik, also in Scheiben?

Ich könnte, so wie Affirmationen*,

immer und immer wieder betonen:

Wie hoffnungslos ist doch die Lage.

Indem ich das immer wieder sage,

vertreibe ich die Zuversicht

und lach mir ins Fäustchen, mega cool, nicht?"

Ina v. Speßhardt

* gebetsmühlenartige Wiederholungen.

TANKEN

Die Zellen lauschen den Gedanken,

sie möchten positive tanken.

Die Zellen-Runderneuerung,

sie braucht sehr diesen guten Dung,

denn mit diesem Dünger

fühl'n sie sich gleich jünger.

Sie bilden Abwehrkräfte

und neue Lebenssäfte.

Und wenn wir lauschen der Musik-

ist's auch gut für den Abwehrkrieg!

Vom Sorgenkarussell abspringen,

das wollen wir und wieder singen!

Ina v. Speßhardt

ABSAGE

Der Mensch denkt, Gott lenkt!

Mit Bedauern vermengt

wird Begrenzung verhängt.

Doch kann man nur loben

dies Rücksichtsverhalten,

grad für uns Alten,

und vielleicht wird die Feier verschoben?!

Ina v. Speßhardt

Jona

Den Lockdown sieh nicht nur als schrecklich an,

nicht nur als ´ne einzige Qual.

Vielleicht man ihn schützend auch sehen kann,

Wir geh' n ja nicht ewig im Tal. *

Ina v. Speßhardt

*oder: wie Jona im Bauche des Wal.

Post-Corona

Nach Corona, ist doch klar,

ist nichts mehr so, wie es mal war.

Wir hab' n, 'ne Chance wie noch nie,

nach dieser Virus-Pandemie,

hin zu mehr „Wir"

und weg vom „Ich".

Werd' n wir sie nutzen? Hoffentlich!

Ina v. Speßhardt

Rush Hour

Die Kinder, sie brauchen viel Power

in des Lebens „rush hour".

Da fehlt es an Muße und Zeit

zu sein für den Kuss bereit,

nämlich für den Musenkuss,

zu dichten á la Pegasus.

Gereimtes aus ihrer Jugend zeigt,

sie waren dem Reimen nicht abgeneigt.

Ob später sie noch Spaß dran haben?

Oder entwickeln sich andre Gaben?

Ina v. Speßhardt

Lob den Frauen *

Es wurd` die Ehr` mir angetragen,
zum Lob der Damen was zu sagen.
Kürzlich mit Euch auf großer Fahrt,
Neuseeland als Ziel, mal ganz apart,
war `n wir am Busen der Natur.
Doch wir hatten diesen nur,
denn es fehlten schicke Frauen,
uns zu ergötzen, zu erbauen.
Es standen dort nur Schafe rum,
das fand ich dumm!
Wenn ich mich hier im Saal umschau`
seh ich so manche Schafe/scharfe Frau!

Wie war`s in der Vergangenheit
mit der holden Weiblichkeit?
Zu Eva sprach dereinst die Schlange:
Weib, ich begreife nicht, wie lange
läufst du noch splitternackt herum?
Ziehst dich nicht an und auch nicht um.
Was man versteckt, reizt jedermann,
was man bedeckt, da ist was dran.
Erst die Verpackung reizt die Männer,
dann wird ihr Hals wohl lang und länger;
und je bescheidener die Füllung,
um so gekonnter die Umhüllung.
Was einst mit einem Feigenblatt
begann, macht hier das Auge satt!
Was Gott dereinst geschaffen
aus unser`m tristen Leib,

67

erscheint hier in Vollendung,
das Weib, das göttlich Weib.

Welch Anmut, welche Schale,
welch Charme, welch Eleganz
sonnt hier sich in dem Saale,
der Schönheit ganzer Glanz.

Geschichte machen zwar die Männer,
doch weiß ja längst der wahre Kenner,
Triebkraft der Taten, die auf Erden
dann männlich und historisch werden,
ist stets das Unbeschreibliche
und ewig Weibliche.
Die Welt glich einer Wüste, einer tristen,
müsst' ohne Frau der Mann sein Dasein fristen.

Trinkt auf die weibliche Oase
und führt das Glas nun an die Nase!
Prost!

Christoph v. Speßhardt

*entstanden vor 27 Jahren

Grüße aus „Down Under"

Wir grüßen Euch aus Koala Land,
„Down Under" unsre Liebe fand.

Christoph v. Speßhardt

Friede, Freude, Eierkuchen

Muss man derzeit lange suchen.
Jeder wünscht sich´s, jeder kennt´s,
da hilft nur die Resilienz.
Freut Euch an den kleinen Sachen,
wieder mehr Privates machen.
Und zwickt doch die Geisteszange,
habt Geduld und seid nicht bange.
Et hätt noch immer jot jejange!

Christoph v. Speßhardt

Nun kommt noch unsere Enkelin.

Wo führt ihr Reime-Spaß noch hin?

Ist es später noch „ihr Ding"?

Wird sie denn wohl ein „Dichterling"?

Das wäre schön;

man wird seh`n.

Ina v. Speßhardt

Unser Papi

Papi schwimmt mit uns im Meer

und finden wir mal Englisch schwer,

so können wir ihn alles fragen

und er wird uns die Antwort sagen.

Am Abend geht´s zum Lunapark

und Papi beweist: Er ist stark!

Wir alle mögen ihn so sehr,

er beschützt uns wie ein Bär.

Zum Geburtstag einen Kuss,

weil ich jetzt nach Canberra muss.

Florentine v. Speßhardt

The swan

The swan is a ballerrina, his appearance stylish
and chic,
He dances across the stage, his featherdress
is sleek,
Without him the lake would be empty and bleak.

The audience is amazed by the
dancing skills,
Take off for flight, 'cause that
really thrills,
At the end of the night he flies over the hills.

The dolphin

Bolting through the sea,
smart like no one else has been,
dolphins jump in sync

loving their parents,
loyal to their relatives,
even getting old!

Glides on ocean waves,
excitement like a young child,
makes me feel happy.

Florentine v. Speßhardt

The Emu

The unusual, feathered emu
is flightless though he is a bird;
with running feet and swimming wings,
he lives alone, not in a heard.

Alert at night because of predictors
and eyesight like an eagle;
he runs so fast, you can not see,
to catch him is not legal.

The curious bird is even smart,
he is an Aussi through and through,
taming brings you so much luck,
he's quicker than a kangaroo.

With its pouch in his throat,
he makes funny booming grunts;
early bird catches a worm,
mornings are made for insect hunts.

Florentine v. Speßhardt

Spider

Spider, spider crawling quick,

the view of you makes people sick;

What immorial face or thing

Could get this ugly spider-look?

In what dark and dusty tunnel

Do you build your sticky funnel?

On what legs do you ran quicker?

Left or right, you tiny tricker!

And what power and what art,

lays in every daily start?

And when the net begins to shimmer,

in the flies eyes, the last glimmer.

Florentine v. Speßhardt

Ballade MH370

The darkest night in spring,
the air was calm an mild;
but what no one knew that evening
was that the horrible events just piled.

Ready and fully packed
the Wings lifted the plane;
"Ready to take off!",
Did the flight controller obtain.

As the time went by,
the passengers were cheery;
Transmission from the pilot
were starting to get eery.

But thirty minutes after
the impossible took place;
the aircraft suddenly vanished
And entered Darker Space.

The question is who was it,
Which reason made it fade?
With hundreds of innocent people,
It took with in the shade.

And the idea that a modern machine
Could simply vanish away,
Seems beyond the realm of Chance
Which we experience today.

Besides all years of research,
Some fragments have been found;
But the case is still unsolved
And the impact is profound.

For those who lost their dear ones,
It hurts just like a cut;
And the connection to the lost ones
will be forever shut.

Florentine v. Speßhardt

Schlusswort

Ich habe eine Balance aus Leichtigkeit und Tiefgang an- gestrebt. Wenn Sie, liebe(r) Leser(in) meine Gedichte an- sprechen, weil sie sich in dem einen oder anderen Gedicht mit eigenen Erfahrungen, Erlebtem, Emp- fundenem wiederfinden, würde mich das freuen. Dieter Krebs hat einen Gedichtband einmal mit den Worten kommentiert:" Mehr Feuer in die Gedichte? Nein ... mehr Gedichte ins Feuer." Wenn Sie liebe(r) Leser(in) diesen Kommentar bei meinem Gedicht- band für unzutreffend hielten, wäre auch dies mir eine Freude.

Danksagung

Wichtig ist mir, drei Personen, die mir beim Zustan- dekommen des Gedichtbandes geholfen haben, zu erwähnen.
Jürgen Paschke, der als Leiter des Autorenkreises mich vor allem sensibilisiert hat für Versmaß und Rhythmik der Gedichte.
Gerd Keil und Daniela Foerster für ihre Hilfe und Unterstützung am Computer.
Herzlichen Dank euch Dreien.